SOCIÉTÉ D'ÉMULATION DU JURA.

INAUGURATION

DU

MONUMENT BICHAT.

25 MAI 1839.

IMPRIMERIE DE FRÉD. GAUTHIER.

SOCIÉTÉ D'ÉMULATION DU JURA.

INAUGURATION

DU MONUMENT BICHAT.

DISCOURS

PRONONCÉS

A L'INAUGURATION DU MONUMENT

ÉLEVÉ A LA MÉMOIRE

DE XAVIER BICHAT,

DANS LA VILLE DE LONS-LE-SAUNIER (JURA),

LE 5 MAI 1839.

LONS-LE-SAUNIER,

IMPRIMERIE DE FRÉDÉRIC GAUTHIER.

1839.

INAUGURATION

DU

MONUMENT BICHAT.

La France savante, les nombreux amis de Bichat, ses élèves et tous les admirateurs éclairés de ses immortels écrits attendaient avec impatience la nouvelle de l'inauguration du monument consacré à la mémoire de ce savant physiologiste.

Cette auguste solennité a été célébrée le 5 mai 1839, au chef-lieu du département du Jura.

La garde nationale était sous les armes, toutes les autorités civiles et militaires étaient réunies autour du monument. Le préfet, le maréchal de camp, le maire, les membres du Conseil général, la Société d'Émulation, un grand nombre de médecins, des parents de Bichat, ont salué le buste de leurs vives acclamations au moment où il a été découvert.

Cet ouvrage est dû au savant ciseau de M. Huguenin, Jurassien connu depuis long-temps par les bustes estimés des lieutenants-généraux Delort et Bachelu, et récemment encore par le beau groupe en marbre du malheureux Charles VI secouru par la sensible Odette de Champdivers.

Déjà la Société d'Émulation avait consacré le berceau

de Bichat en faisant dresser sur la porte principale de la maison qui l'avait vu naître, un marbre destiné à perpétuer le souvenir et la date de la naissance de celui qui devait un jour illustrer le Jura et jeter tant d'éclat sur la science la plus difficile (1).

Quatre personnes ont porté la parole dans cette grande circonstance.

Le Président de la Société d'Émulation, par les soins de laquelle le monument avait été érigé, a dû se borner à retracer succinctement les époques principales de la trop courte carrière du célèbre Bichat. M. Chevillard a essayé de jeter quelque intérêt sur la vie de cet homme si justement célèbre.

M. Thevenin, s'emparant de l'homme savant, a parlé dans une langue qui lui est familière des écrits du médecin et du physiologiste, dont il a su faire apprécier le mérite et l'étendue.

(1) La mémoire de Bichat grandit de jour en jour.

En 1831, la Société d'Émulation du département de l'Ain a proposé pour sujet de prix l'éloge du grand homme. C'est M. A. Miguel, docteur en médecine, qui a mérité le prix.

En 1833, la Société d'Émulation du Jura a procédé à l'érection de la pierre monumentale destinée à consacrer la maison dans laquelle est né, à Thoirette, le célèbre physiologiste, et a publié, dans son compte-rendu pour l'année 1833, le procès verbal de cette consécration, le discours de M. Heim, préfet du Jura, le rapport de M. Houry, vice-président de la Société, et le discours de M. Guyétant, secrétaire de la Société et élève de Bichat.

Le département de l'Ain veut aussi honorer de nouveau la mémoire de Bichat, par un monument pour lequel une souscription est ouverte à Bourg : elle sera remplie. Le génie ne reconnaît pas de limites de province.

M. Jousserandot, médecin de l'hospice, élève et ami de Bichat, a dit avec cette énergie qui part du cœur les vertus privées de son compatriote et les talents immenses de celui qui appartient à l'humanité entière.

M. le docteur Passaquay, père, a cru devoir exprimer en vers sa juste admiration pour l'homme qu'il était bien capable d'apprécier.

Voici quelques fragments de ce poëme en l'honneur de Bichat :

> Il fut entraîné dans l'orbite
> De l'astre de Desault qui sut le deviner,
> Dont il devint bientôt le premier satellite.
> C'est à trente ans qu'on l'a vu terminer
> Sa courte et glorieuse vie.
> La mort voyant son pouvoir décliner,
> Nous le ravit par jalousie;
> Il cherchait à la détrôner.

D'autres discours encore auraient pu être entendus si la brièveté du temps et un orage survenu l'avaient permis.

On regrettait particulièrement d'être privé de l'éloge écrit par M. le docteur Guyétant, long-temps secrétaire perpétuel de la Société d'Émulation, mais ce savant médecin, actuellement domicilié dans la capitale, fait une profession publique de sa respectueuse admiration pour son compatriote Bichat, et le même jour, à Paris, il renouvelait l'expression de ces sentiments sur la tombe même de son maître et de son ami, placée au cimetière du père Lachaise.

Suivent les trois discours prononcés le 5 mai 1839, à l'inauguration du buste de Bichat.

ÉLOGE HISTORIQUE PRONONCÉ PAR M. CHEVILLARD,

Président de la Société d'Émulation, officier de la légion d'Honneur,
membre du Conseil général, etc.

Messieurs,

Dans tous les temps les peuples reconnaissants ont béni la mémoire de leurs bienfaiteurs, mais les honneurs publics semblaient réservés pour les grands de la terre, et les places de nos vastes cités n'étaient trop souvent décorées que des statues des rois ou des guerriers illustres.

Respectons ces nobles souvenirs et gardons-nous de les insulter ou de les dégrader: malheur aux peuples ingrats ! le pouvoir serait-il donc seul sans vertus et sans droits à des récompenses ! non, sans doute, j'en prends à témoin ce modèle des rois dont la fête récente devait s'allier si bien à la solennité qui nous rassemble (1) ; j'en atteste aussi ce monarque si grand dans la fortune comme dans l'adversité, qui expiait, il y a aujourd'hui dix-huit ans, sur les rochers de Sainte-Hélène, non pas la défaite d'un jour, mais quinze ans de gloire et de triomphes.

Mais, Messieurs, les rois ne sont pas les seuls bienfaiteurs de l'humanité, et le courage du guerrier n'est pas la seule qualité de l'homme.

Il est aussi d'autres vertus : il est d'autres titres

(1) L'inauguration du monument avait d'abord été fixée au jour même de la fête du roi; différents motifs l'ont fait différer jusqu'au 5 mai.

aux hommages de la postérité : elle se plaît souvent à les prodiguer à ces génies extraordinaires qui sont appelés à donner à la science un essor immense , aux arts une splendeur inconnue.

L'Angleterre n'a-t-elle pas placé la tombe de Newton parmi celle de ses rois, et Westminster ne conserve-t-il pas religieusement les cendres de l'auteur des *Mathématiques*, de la *Philosophie naturelle* et du *Traité de la lumière et des couleurs* ?

Rome moderne n'a-t-elle pas fait porter au Panthéon les débris mortels de Raphaël ? le plus grand peintre de l'Italie méritait bien d'avoir pour tombeau le chef-d'œuvre du siècle d'Auguste !

Nous aussi, Messieurs , nous voulons être justes et reconnaissants : nous savons qu'honorer les talents, c'est acquitter une dette sacrée ; c'est dire à la jeunesse : contemple, et travaille à mériter un jour que ton nom survive à l'oubli !

D'ailleurs, Messieurs, nous ne faisons qu'accomplir ici le vœu du Conseil général, nous secondons les nobles intentions d'un Roi qui a bien voulu permettre que son nom sacré comptât parmi les souscripteurs : nous sommes les interprètes de la France savante et de ce grand nombre d'hommes instruits, de médecins éclairés qui, à notre voix, sont accourus apportant leur offrande aux pieds d'un maître, d'un collègue et d'un ami ! Qu'il est beau, qu'il est glorieux de mériter de tels honneurs !

Tel fut Xavier Bichat. Il est né parmi nous, cet homme que la science a marqué de son sceau immortel.

Sept villes de la Grèce se disputent le berceau d'Homère, deux départements rivaux recherchent avec une noble jalousie si le village de Thoirette appartient à l'Ain ou au Jura (1).

Mais, Messieurs, la gloire de Bichat ne peut-elle pas suffire à l'illustration de deux départements ! élevons à l'envi l'un de l'autre des monuments à l'homme qui appartient à l'humanité entière, ne connaissons d'autre rivalité que celle d'honorer celui qui fut si grand au milieu de cette foule de médecins qui jetèrent tant d'éclat dans le siècle dernier.

Bichat (Xavier), né à Thoirette le 11 octobre 1771, fut le fils aîné de Jean-Baptiste Bichat, docteur en médecine de la faculté de Montpellier. Il ne faut rien moins que l'exemple et les conseils d'un père, pour aider un jeune homme à vaincre cet éloignement naturel qu'inspirent les premiers éléments d'un art qui va constrister l'ame par l'aspect de la douleur, ou révolter les sens par le spectacle des débris de l'homme devenu cadavre.

Soutenu par l'exemple et les leçons d'un père instruit, Bichat triomphe de ses premières répugnances, et aussi heureux que le botaniste dont la vue repose délicieusement sur les merveilles de la nature, d'un regard d'aigle, Bichat pénètre dans les mystères cachés de la décomposition de cette organisation admirable, à qui un dieu seul pouvait, à sa volonté, donner ou retirer le mouvement et la vie !

(1) Les plus simples éléments de géographie vont vous dire que Thoirette fait partie du canton d'Arinthod, arrondissement de Lons-le-Saunier.

C'est à Lyon que Bichat va recevoir les premières leçons d'anatomie : c'est sous les yeux du célèbre chirurgien Petit, que notre jeune élève va essayer ses forces, se nourrir de la science de son maître et en devenir bientôt le collaborateur et l'ami.

Mais il est une ville unique dans le monde, qui appelle tous les mérites naissants pour les développer, tous les talents éprouvés pour leur offrir la gloire et la fortune. C'est à Paris que se rendit en 1793, Xavier Bichat, âgé de vingt-deux ans.

Un homme régnait alors sur la chirurgie ; son empire était l'Hôtel-Dieu, ses sujets, cette foule d'infortunés que l'indigence, les infirmités et le malheur des temps amenaient en foule dans cet asile respectable, presque l'ouvrage d'un dieu.

Desault (1) ne tarda pas à deviner l'élève que les circonstances venaient de lui donner : il fut flatté d'y trouver un compatriote ; il s'applaudit surtout d'y rencontrer cette maturité qui devance l'âge, cet esprit d'analyse qui remonte des conséquences aux principes, des effets aux causes, enfin cette justesse d'applications sans laquelle l'étude orne la mémoire sans enrichir l'esprit.

Aussi plus d'une fois l'élève remplaça-t-il le maître, plus d'une fois Bichat, chargé de rédiger en forme d'extrait le sujet de la leçon de la veille, remplit-il sa tâche avec une telle précision et une exactitude si scrupuleuse, qu'on crut entendre le maître lui-même

______

(1) Pierre-Joseph Desault était né en Franche-Comté, au village de Magny, l'an 1744.

pour la seconde fois, et que le jeune *professeur* fut couvert d'applaudissements par un auditoire non suspect, par ses camarades et ses rivaux.

Jusqu'ici Bichat n'a encore rien écrit : il veut, avant tout, apprendre, observer, comparer : il connaît toutes les difficultés de la science. Sa raison a fait justice de ces écrits éphémères, tristes avortons morts avant de naître : il attend , il s'instruit, il est auprès de Desault : il est lié d'estime et d'amitié avec Percy, autre gloire du pays : il puise la science à sa source , il s'en nourrit.

La mort enlève bientôt au monde savant l'illustre Desault : il succombe à 47 ans sous le poids de la gloire et du travail. Il fallait honorer sa mémoire, tâche sacrée, mais facile pour un cœur reconnaissant. Bichat n'abandonna point sa veuve : il devint son appui, il comptait lui fermer les yeux : c'est elle qui reçut ses derniers soupirs.

Desault, en mourant, avait laissé incomplet le 4.ᵉ volume du Journal de chirurgie ; fidèle à la mémoire de son maître, Bichat termine cet ouvrage estimé, et bientôt après il fait paraître les œuvres chirurgicales de son ami, le tableau de sa doctrine et de sa pratique dans le traitement des maladies externes. C'est ainsi qu'on honore dignement la mémoire de celui dont on reçut les préceptes et l'exemple.

Puis, s'abandonnant enfin à ses propres inspirations, Bichat publie son *Traité des membranes* et ses *Recherches physiologiques sur la vie et la mort*, ouvrages admirables, quoique le dernier soit incomplet, titres reconnus d'une gloire impérissable. Ah pourquoi la

mort, respectant une si belle vie, n'a-t-elle pas permis
à l'auteur de donner au monde savant un second volume dans lequel les principes physiologiques eussent
été appliqués à la médecine. Ce que laissait l'auteur
suffisait à sa gloire, mais c'était trop peu pour l'humanité.

Nommé médecin de l'Hôtel-Dieu à 28 ans, c'est là
qu'il faisait une application constante du principe si
vrai qui sert d'épigraphe à ses livres : *Malheur au
médecin qui ne connaît les maladies que sous les
couleurs souvent mensongères que leur prêtent les
auteurs ;* c'est au lit du malade qu'il allait dérober
les secrets de la nature, c'est sur le cadavre qu'il
cherchait les causes de la mort.

Un marbre monumental avait été placé par les or-
dres de celui qui savait apprécier et récompenser tous
les genres de mérite, dans une des salles de l'Hôtel-
Dieu, pour consacrer le souvenir des services de Desault ; Bichat, vivement ému à l'aspect du monument
qui lui rappelait son bienfaiteur et son ami, s'écriait
avec un noble enthousiasme : *Je donnerais trente ans
de ma vie pour ressembler à ce grand homme.*

Son vœu fut malheureusement accompli, et l'élève
alla bientôt rejoindre le maître dans cet âge où tant
d'autres ont à peine commencé la vie. Ainsi finit Pas-
cal. Ainsi s'éteignit Raphaël... A 32 ans Bichat fut
ravi aux sciences dont il avait reculé les limites, à ses
amis qui lui pardonnaient sa supériorité, à sa famille
qu'il avait toujours chérie avec la plus vive tendresse.

Mais ce n'est pas l'âge qui fait la longueur de la
vie ! que sont des jours nombreux, s'ils sont inutiles !

Un jour ces marbres tomberont en ruines ; ce buste usé par le temps sera réduit en poussière, et l'homme studieux qui trouvera dans quelques vieilles chroniques la date et peut-être la forme du monument élevé au chef-lieu du Jura, cherchera vainement dans les décombres les traces de la reconnaissance contemporaine ; tout sera détruit, mais ce qui survit aux siècles, ce qui est plus dur que l'airain, Messieurs, c'est la gloire, c'est une bonne action, c'est un livre utile, ce sont les *Recherches physiologiques sur la vie et la mort*, c'est l'*Anatomie générale* appliquée à la physiologie et à la médecine : ce sont les œuvres du savant Bichat !..

Repose en paix, homme vénéré : on a placé ton buste non loin de l'asile des infirmités humaines (1), mais aussi, du ciel où ton ame repose, tu vois l'effet de tes doctes leçons, et tu te complais à suivre les progrès toujours croissants de cette science à qui tu dois ta gloire : tu vois l'application intelligente de tes principes. Tu te complais sans doute à admirer ces anges de douceur, de patience et d'humanité, dont tous les instants sont consacrés au soulagement de la douleur : comme toi, elles ont eu plus d'une répugnance à vaincre, mais Dieu avait parlé, et leur cœur soumis a accepté la mission sublime de compâtir et d'adoucir tous les maux... Les hommes sont impuissants pour payer tant de sacrifices, pour récompenser tant de vertus !...

(1) Le monument est élevé au centre de la cour d'honneur de l'hôpital. Voir la gravure.

Mais, Messieurs, par quel entraînement étrange osé–je me permettre de balbutier un langage si nouveau pour moi ! de quel droit viens–je, dans une assemblée publique qui réunit tant de talents consommés, tant d'appréciateurs instruits, tant d'hommes de l'art, dont plusieurs peut–être ont entendu le savant professeur ; de quel droit, dis–je, viens–je usurper une place réservée au savoir, à l'étude, à l'expérience : vous allez être vengés d'une telle imprudence.

Il s'avance, le jeune orateur vieux d'étude et de savoir : c'est à lui qu'il appartient de vous montrer Bichat développant avec un talent inconnu jusqu'à lui les mystères de cette partie de la médecine qui traite des principes de l'économie animale, de l'usage et du jeu des différents organes (1).

C'est lui qui saura vous dire avec quelle admirable simplicité Bichat a défini ce que c'est que la vie, et comme il a suivi pas à pas les phénomènes infinis de la désorganisation successive des différentes parties qui constituent notre enveloppe matérielle !

Je m'arrête, Messieurs, et je cède la parole à celui dont le langage saura s'élever à la hauteur du sujet.

(1) M. Thevenin, docteur en médecine, aussi modeste qu'éclairé, membre de la Société d'Émulation, a bien voulu se charger de la partie scientifique et a dignement rempli sa mission.

ÉLOGE DE BICHAT, PAR M. THEVENIN,

Docteur en médecine, membre de la Société d'Émulation.

MESSIEURS,

La foule étonnée se demandait, il n'y a qu'un instant, quel fut cet homme qui mérita l'honneur insigne qui lui est décerné en ce jour ? Son nom n'a point l'éclat de celui du héros qui gagna les batailles, il n'a point le retentissement de celui du poète dont le chant sublime sait porter l'enthousiasme dans tous les cœurs. S'il ne fut que leur égal pour le génie le plus étonnant, il leur fut supérieur par ses travaux d'une immense utilité pour l'humanité tout entière, et cependant le nom de Bichat est à peine connu dans les lieux qui l'ont vu naître.

Honneur à ceux qui eurent la pensée de lui élever ce monument, et de proclamer à tous son nom et ses travaux.

Quel fut donc Bichat ?

Il fut l'homme modeste qui consacra sa trop courte existence au soulagement de ses semblables. Il passa sa vie dans cet asile des infirmités humaines, où les vivants sont quelquefois plus hideux que les morts, où il faut combattre l'abattement des moribonds et sa propre faiblesse, où il faut commander à son visage au milieu des plus pénibles sensations, et s'efforcer de consoler quand l'on est soi-même profondément affligé.

Il la passa surtout dans ces amphithéâtres, asiles de

deuil, où les germes du trépas infectent incessamment l'air que l'on respire, où, interrogeant d'une main avide d'instruction les restes inanimés de l'homme, il trouva la mort en découvrant les lois admirables de la vie.

Il fut l'homme de génie qui, mesurant de son regard d'aigle le vide de la science, le combla en un instant en élevant un édifice nouveau, qui excita au plus haut point l'admiration, et qui sera toujours l'orgueil de la médecine française.

On le vit, s'isolant des routes ordinaires, conquérir par la domination d'une puissante et féconde pensée, un vaste empire, dont toutes les parties se coordonnent et sont attirées en un centre lumineux qui reflète sur l'ensemble l'éclat de la vérité.

Tel est le sceau du génie, tel fut celui dont fut marqué Bichat.

Une voix plus éloquente que la mienne vient, avec cet esprit fin et délicat qui embellit tout ce qu'il touche, de vous parler de la vie et des travaux de Bichat ; à moi, Messieurs, m'est réservée la tâche de vous en faire connaître la science.

La fin du XVIII.ᵉ. siècle vit l'école de Paris briller du plus vif éclat, toutes les branches de la science étaient étudiées avec succès par des hommes du plus grand mérite, qui, animés par l'esprit philosophique, élevaient l'enseignement à une hauteur d'idées et à une pureté de doctrine que l'on chercherait en vain dans les époques antérieures.

Hallé éclairait la physiologie et l'hygiène, qu'il soumettait à de judicieuses divisions. Chaussier, admi-

rateur enthousiaste d'Hippocrate et de Sthol, ensei-
gnait les lois de la vie, et voulait qu'on les étudiât
dans les seuls êtres vivants, indépendamment de toute
application physique ou chimique.

L'anatomie et la chirurgie étaient portées à ce degré
de perfection que l'on pouvait attendre du génie de
Desault, que la province compte avec fierté parmi
ses illustrations. Pinel imprimait une heureuse di-
rection aux études médicales en établissant la distinction des tissus affectés dans les maladies. Il fondait
sur cette idée importante les premiers éléments de sa
Nosographie, ouvrage composé dans un esprit vrai-
ment philosophique, dans le goût des saines et immortelles doctrines du père de la médecine.

C'est au milieu de ces circonstances que parut Bichat. Il vit que, malgré les efforts de ces hommes
justement célèbres, on n'avait fait encore qu'ébaucher
la reconstruction de l'édifice médical, élevé jusqu'alors
sur les plans incohérents des médecins, physiciens,
chimistes, humoristes et mathématiciens.

Inspiré par le feu de son génie, il conçut le hardi
projet d'élever un système complet de médecine,
fondé directement sur les phénomènes de la vie, ap-
puyé sur l'anatomie, l'étude des fonctions dans l'état
de santé et celui de maladie, la distinction des tissus,
la sympathie qui les lie les uns aux autres, l'observation des effets locaux et généraux des médicaments,
enfin le résultat de l'ouverture des cadavres ; entreprise
immense qu'il a réalisée en partie et qu'il eût achevée
si la mort, jalouse de la rapidité trop précoce des découvertes humaines, ne l'eût enlevé à l'âge de 32 ans !

Bichat commença ses travaux par l'étude de l'anatomie et de la physiologie. Son *Traité des Membranes*, son *Anatomie générale*, ses *Recherches sur la vie et la mort*, donnent à ces deux branches inséparables de la science une impulsion et une marche toute nouvelle.

C'est Pinel qui a eu l'heureuse idée de rapprocher les unes des autres les parties qui ont des caractères communs d'organisation, mais c'est l'élève de Desault qui, par des travaux sans nombre, par des expériences multipliées, établit les caractères propres à chacun de nos tissus. Les phénomènes sympathiques, envisagés par lui avec détail, formèrent un champ plus vaste de méditations au médecin observateur. Il éveilla l'attention sur les altérations que nos organes éprouvent lorsque les maladies les ont frappés. Le premier, il observa que chaque mode de lésion offre toujours des phénomènes semblables dans tous les organes qui appartiennent à un même système, quelles que soient d'ailleurs les différences de formes qui existent entre les parties dans la composition desquelles entrent ces organes. Cette observation lumineuse et féconde était faite pour changer de face l'anatomie pathologique, elle conduisit Bichat à plusieurs découvertes des plus importantes.

Il chercha à apprécier l'influence que les fonctions exercent les unes sur les autres, et surtout à déterminer le mode de rapport existant entre la respiration, la circulation et l'action cérébrale.

Déjà Aristote, Buffon et plusieurs autres avaient remarqué les différences nombreuses qui séparent les

organes qui concourent à l'accomplissement des phénomènes nutritifs, de ceux qui, d'un ordre plus relevé,
nous mettent en rapport avec les objets extérieurs,
mais c'est principalement notre célèbre physiologiste
qui établit d'une manière certaine les caractères distinctifs de ce qu'il appela l'une et l'autre vie. La
manière dont l'habitude influe sur nos organes, l'action que différentes substances exercent sur eux, le
mode de sensibilité dont ils jouissent, le degré de
contractilité qui leur est départi, ont été appréciés à
leur juste valeur par Bichat. Ses idées aussi vastes
que fécondes, disséminées dans ses ouvrages admirables, recueillies par ceux qui l'ont suivi, sont les
bases sur lesquelles les médecins encore aujourd'hui
établissent leurs opinions sur les actes qui constituent
l'organisme animal, et sur la manière dont nos différents tissus sont altérés dans la maladie. La plupart
des physiologistes professent sa doctrine et se glori-
fient de marcher sur ses traces.

Après s'être emparé de la doctrine des sympathies
et de l'unité vitale que Barthez avait présentée sous la
forme hypothétique d'un principe existant par lui-
même, Bichat admit une force inhérente à la matière,
qu'il nomma force vitale, et qu'il supposa répandue
dans les différents tissus de l'organisation. De cette
idée fondamentale aux propriétés vitales, il n'y avait
qu'un pas, et Bichat le franchit bientôt comme conséquence nécessaire. Il les plaça comme intermédiaires
entre l'idée abstraite de force vitale et les phénomènes secondaires auxquels il crut devoir les donner
comme cause efficiente.

Les attributs caractéristiques de la classe la plus
élevée des animaux sont les sensations et les contrac-
tions musculaires ; et comme il avait admis une force
vitale à l'aspect général de la vie, il admit une sensibilité et une contractilité par laquelle s'opèrent les
phénomènes de la contraction et de la locomotion.
Mais ces deux attributs ou ces deux propriétés vitales,
pour parler le langage de Bichat, ne suffisaient pas
pour l'explication de tous les phénomènes de la vie.
Il supposa un mouvement propre à chaque tissu,
mouvement obscur, admis par analogie, et appréciable
seulement par ses effets. Cette propriété fut désignée
par le nom de contractilité et de sensibilité organique,
pour la distinguer de celle dont nous venons parler,
qui fut la contractilité animale.

Déjà Sanchez avait établi la division des fonctions
en deux classes, dont l'une renfermait celles qui sont
relatives à l'entretien des corps vivants ; l'autre, celles
au moyen desquelles le corps se met en relation avec
tout ce qui l'entoure. Cette vue, plutôt spéculative
que physiologique dans Sanchez, fut adoptée par
Bichat ; il l'étendit et la consacra, en divisant la vie
en vie animale et en vie organique.

La distinction de ces deux vies est une idée qui
s'est retrouvée dans l'esprit des plus anciens physiologistes, et quoiqu'elle ne soit plus admise avec tous
les développements que lui avait donnés Bichat, cette
idée était le premier pas vers l'analyse physiologique,
et le parti qu'il en a tiré est immense.

C'est dans ses *Recherches sur la vie et la mort,*
c'est dans cet admirable ouvrage, que Bichat expose

avec suite ses principes physiologiques. Avec quel charme ne lit-on pas sa théorie du sommeil, ses considérations sur le centre épigastrique, son tableau des propriétés vitales. On est frappé de ce génie si profondément observateur dans l'exposition du mode progressif de la mort naturelle. Il faut l'avouer, cependant, entraîné par une imagination vive et ardente, il s'est glissé quelques erreurs que des réflexions plus mûres eussent fait disparaître, mais qui sont d'autant plus faciles à admettre, que pour convaincre, Bichat a déployé tous les prestiges de son style animé. Ces reproches portent principalement sur la première partie. La seconde, c'est-à-dire les *Recherches sur la mort*, est au-dessus de toute critique. C'est là que brille au plus haut degré son talent d'observation. Il prouva par les faits les plus multipliés et les plus positifs que le cœur pouvait se contracter sous l'influence du sang noir aussi bien que du sang rouge, mais que le sang rouge pouvait seul entretenir la vie dans nos organes ; que par conséquent, si le défaut de respiration causait la mort, ce n'était point parce que le cœur cessait d'agir sur le sang, mais parce que ce liquide ne devenant plus rouge, ne pouvait plus porter l'excitation nécessaire à l'entretien de la vie.

Jusqu'à Pinel, les anatomistes avaient été privés d'idées exactes sur les membranes, ils ne les regardaient point comme formant un système par leur ensemble. Ils ne distinguaient point leur variété, et les confondaient avec d'autres tissus. Bichat les rapprocha les unes des autres par leurs caractères communs, quelle que soit la région qu'elles occupassent dans l'économie organique. Cette idée mère fut développée dans son *Traité des membranes*, ouvrage le plus remarquable qui ait paru en anatomie physiologique depuis le savant Haller, et qui fut accueilli avec tout l'enthousiasme qu'il méritait. Exactitude dans les descriptions, multitude de détails nouveaux, importance des considérations générales et des applications de l'anatomie à la médecine pratique, tout assura le succès qu'il obtint. Il eut l'heureuse idée de diviser les phénomènes que présentent les membranes d'après les forces vitales, au lieu de les classer, comme on le faisait, d'après les régions où ils surviennent, ou d'après la nature et la disposition des organes qui en sont le siége.

Après avoir donné plusieurs aperçus nouveaux sur la structure et les propriétés des membranes muqueuses, il fit pressentir l'importance que la médecine d'observation donnerait à l'étude de ces membranes. On lit ces lignes remarquables dans l'*Anatomie générale* : « Je crois qu'il est peu de système qui mérite plus « que celui qui nous occupe de fixer l'attention du « médecin à cause des innombrables altérations dont « il est susceptible, qui supposent presque toujours « celles des propriétés vitales dominantes dans ce « système. » Broussais, qui a été assez heureux pour venir après Bichat, a fécondé ces germes précieux.

Bichat a augmenté le nombre des membranes séreuses connues jusqu'à lui, en y ajoutant l'arachnoïde dont il fit voir les replis à la base du crâne, la réflexion sur la dure-mère, et l'introduction dans les cavités cérébrales, par une ouverture placée au-dessous des corps calleux. Enfin il fit mieux connaître la nature des keptes, ainsi que la formation progressive des cicatrices. Il déduisit de sa nouvelle théorie les conséquences pratiques les plus utiles.

Le cercle de ses idées s'agrandissant à mesure qu'il méditait son sujet, Bichat composa son *Anatomie générale*, qui n'était que la conséquence du *Traité des membranes*.

En effet, l'idée de rapprocher les uns des autres, par des caractères communs, les tissus membraneux, devait, en se généralisant, s'appliquer aux autres tissus primitifs. C'est cette étude qui fait tout le plan de l'*Anatomie générale*, ouvrage unique alors dans la science, et entièrement nouveau sous le rapport du plan, des faits et de la doctrine qu'il contient.

Bichat étudie, dans chaque système en particulier, les différents tissus qui entrent dans leur composition, remarque les différences de forme, d'organisation, de propriétés, observe que les tissus jouissent chacun d'une vie particulière et indépendante, mais se réunissent pour constituer les organes qui ne sont qu'un assemblage d'éléments divers.

Sa doctrine diffère de celle de Boërhaave, en ce qu'elle a le vitalisme pour base. Elle diffère de celle de Sthol et de Barthez, en ce qu'au lieu de rapporter les phénomèmes de la vie à l'archée, au principe vital, elle les rapporte à certaines propriétés dont les unes se remarquent dans la plupart des organes, et les autres sont présumées dans le reste de l'économie vivante, mais qui toutes sont considérées comme indépendantes des lois physiques et chimiques.

Après avoir étudié la structure et le jeu des organes, soit dans l'état sain, soit dans l'état de maladie, Bichat devait chercher à connaître les changements que ce dernier état apporte dans nos tissus : c'est ce qui constitue l'*Anatomie pathologique*, conséquence naturelle de l'*Anatomie générale*.

Avant lui, Morgagni, Walter, Sandifort, avaient déjà pressenti l'immense portée de l'anatomie pathologique, science d'une haute importance, mais hérissée de difficultés ; leurs travaux manquaient d'un lien systématique pour les coordonner. Bichat entreprit cette tâche, il n'eut pas le temps de réunir en un corps de doctrine les fragments d'anatomie pathologique épars dans ses ouvrages.

On ne peut douter qu'il ne nous eût laissé une œuvre digne de l'époque qui dut à ses travaux une grande partie de son illustration. C'est à Bichat que l'on doit des notions exactes sur les altérations du péritoine, maladies que l'on confondait avec celles des organes que recouvre cette membrane.

Enfin, Messieurs, toutes les parties de l'art devaient recevoir une nouvelle vie de ce génie ardent. Il entreprit de réformer la matière médicale. Il voulait classer les médicaments d'après leur influence sur les propriétés vitales, et étudier leur action, soit directe, soit sympathique, sur les différents systèmes d'organes.

Telle est, Messieurs, l'esquisse rapide des immenses travaux de Bichat. Telle est la série des idées fondamentales de ses œuvres. L'esprit a peine à concevoir comment la vie d'un seul homme a pu suffire à tant de découvertes, et cependant, vous le savez, Bichat est mort à trente-deux ans ! Déjà il avait rempli une haute destinée, déjà la gloire l'environnait de ses prestiges enchanteurs, elle le consolait du silence de la tombe ; son nom devait être immortel....

O vous qu'une noble ambition lance dans un carrière périlleuse, sentez-vous l'ascendant irrésistible du génie ! Un instinct inconnu vous a-t-il présagé des triomphes ? Respirez-vous le feu de la gloire, cette sensibilité fière et profonde d'un ame qui s'enthousiasme pour le vrai, le sublime et le beau ? qui sait braver tous les périls, surmonter tous les obstacles pour remplir sa destinée ? Savez-vous franchir les limites des temps, dédaigner les splendeurs passagères que la fortune ou les prestiges de la vie font briller à vos regards ? Hommes magnanimes, venez, pour vous s'ouvrent les portes de l'immortalité. Votre nom appartient à l'univers entier. Le siècle qui vous environne ne peut contempler que de loin la hauteur de votre essor, et mesurer l'énergie prodigieuse qui entretient le vol de vos pensées. Venez, assistez à ce spectacle imposant, et comme Bichat, consacrez vos travaux au bien de l'humanité : la vraie gloire n'appartient qu'au génie bienfaisant. Alors, sans craindre l'inconstance des passions humaines, l'avenir marquera votre place à ce grand banquet de gloire où préside la postérité !

DISCOURS DE M. JOUSSERANDOT,

Médecin de l'Hôtel-Dieu de Lons-le-Saunier.

MESSIEURS,

Disciple de Bichat, honoré de son amitié, médecin
de l'hospice qui va recevoir du monument élevé à sa
mémoire par la Société d'Émulation du Jura, une
nouvelle consécration, j'ai regardé comme un devoir,
dans une circonstance aussi solennelle, de m'associer
à la pensée généreuse que le désir de célébrer une
grande gloire a fait naître, et de payer, à mon tour,
au génie et à la vertu, un tribut mérité d'hommages
et de vénération.

Les hommes qu'une heureuse destinée a rendus les
bienfaiteurs de l'humanité ; ceux dont la puissance
intellectuelle a fait briller d'un éclat jusqu'à eux inconnu, les sciences, objet de leurs méditations et de
leurs veilles, gravent eux-mêmes sur l'airain leurs
titres à l'admiration des générations futures. La base
sur laquelle on les pose n'échappe aux ravages du
temps, qui détruit tant de renommées, que parce
qu'elle est cimentée par leurs œuvres immortelles.
Bichat est du nombre de ces êtres privilégiés, véri-
table émanation divine, qui se chargent d'être leurs
interprètes dans les débats de la postérité. Son nom
aura la durée des siècles, parce que ses travaux sont
impérissables. Le marbre qui reproduit ses traits
n'éprouvera aucune souillure, parce que tous les

moments de cet homme de bien ont été consacrés au bonheur de ses semblables , à la gloire bien douce de disputer des victimes à la mort , à la noble ambition de soulager une infirmité , de calmer une douleur , de vaincre une maladie , et surtout d'initier aux secrets d'un art dont il était appelé à reculer les bornes, comme il savait en faire surmonter les dégoûts, la jeunesse studieuse qui se pressait à ses leçons , et dont il était le père et l'appui.

Loin de moi donc la prétention de prononcer son éloge et de rappeler les droits qui le recommandent à la mémoire des hommes. Des voix éloquentes se sont disputé cette grande mission, et l'ont dignement remplie depuis long-temps ; je ne viens faire ici qu'un acte de piété.

L'inauguration du buste de Bichat au milieu d'un nombreux concours de ses compatriotes , de ses amis, de ses parents, sous les yeux de ceux qui ont imprimé le caractère monumental à la maison qui l'a vu naître, atteste, pour notre département, l'orgueil bien naturel d'avoir produit un tel génie. En me reportant à l'époque déjà éloignée où le bruit de sa mort jeta la consternation dans tous les esprits , cette imposante cérémonie , mélange de la pompe des triomphes et de l'appareil religieux, renouvelle pour moi la douleur que je ressentis de sa perte , et me montre, après trente-cinq ans, et malgré les travaux importants des contemporains , combien est loin d'être comblé le vide immense qu'il a laissé.

Plein du souvenir d'une bienveillance qui ne se lassait pas ; témoin de l'ardeur de Bichat dans les recherches qui devaient le conduire à la découverte d'une vérité ; entraîné vers une science dont l'enthousiasme lui révélait les mystères ; assez heureux pour avoir été admis quelquefois avec vous, condisciples chéris, Es-parron , Bilon , Nicolas , que la terrible faux a mois-sonné à la fleur de l'âge , aux entretiens pleins de charmes que cet excellent homme réservait à ceux de ses élèves dont l'application méritait ses encourage-ments , je n'aspire , après les mâles accents que vous venez d'entendre , qu'à déposer une faible offrande sur l'autel que vous avez élevé à l'homme désormais l'ornement de la médecine , l'objet de votre culte et du mien , et à faire monter ma prière jusqu'à sa de-meure céleste :

Namque erit ille mihi semper Deus : illius áram
Sæpè tener nostris ab ovilibus imbuet agnus.

Une sorte de fatalité s'attache aux hommes supé-rieurs ; l'expérience des siècles le prouve. La nature, avare de phénomènes , ne les produit qu'à de longs intervalles ; mais bientôt , jalouse de son ouvrage , et craignant de voir ses secrets dévoilés, elle les replonge dans la nuit éternelle. Elle semble ne les avoir offerts un moment aux regards étonnés , que pour exciter des regrets et mieux faire connaître sa puissance et le néant des choses humaines. La mort prématurée de Bichat , succombant à une maladie de quelques jours , entouré des hommes les plus éminents de la science, de sa famille adoptive désolée et de ses élèves en larmes , au nombre desquels j'ose me compter, ne réalise-t-elle pas l'allégorie touchante d'Esculape foudroyé par Jupiter pour avoir rappelé à la vie le fils de Thésée.

Lorsque l'existence se termine après une longue carrière honorablement parcourue , il y aurait de l'ingratitude à murmurer contre les lois immuables de la nature , qui assujettit au même sort tout ce qui a respiré. La douleur que cause une fin inévitable , l'amertume d'une séparation toujours cruelle, sont tempérés par l'idée d'une justice universelle devant laquelle tous les rangs disparaissent. Mais quand un homme est frappé au printemps de sa vie ; quand cet homme, également distingué par les facultés de l'esprit et les qualités du cœur, était appelé à changer la face d'une science, à donner aux idées reçues une impulsion nouvelle, à imprimer à tous ses travaux un cachet d'originalité ; quand, enfin, cet homme est Bichat, il est bien permis à l'amitié de répandre une larme sur un tombeau qui ne devait pas encore s'ouvrir, à l'admirateur d'un beau talent de pousser un soupir, au lévite de faire entendre un cri de désespoir. Messieurs , Bichat est mort à trente ans !

Si les applaudissements bruyants, passagers et souvent trompeurs des contemporains appartiennent aux grands courages , l'admiration calme, durable et toujours sure de la postérité est réservée aux intelligences remarquables ; pour elles seules les palmes sont immortelles. Que reste-t-il aujourd'hui, et depuis long-temps déjà, de ces guerriers fameux dont les cent bouches de la Renommée ont publié les exploits, source de tant de larmes : un peu de poussière voltigeant au gré de l'air , soulevée et confondue avec d'autres poussières. Le temps, dans sa course rapide, ne respecte que l'œuvre du génie ; sans Aristote, Alexandre serait oublié. Harmonieux Homère, dont les chants sont depuis près de trois mille ans les délices de la Grèce ; sage Platon, dont la douce philosophie enseigne aux hommes les moyens d'être heureux par la pratique des vertus ; divin Hippocrate, que les offres des Perses n'ont pu séduire, qui seras toujours le modèle du vrai en médecine, et dont les livres, objet de respect pour les conquérants farouches, ont trouvé grâce sous toutes les dévastations ; éloquent Cicéron, victime auguste des discordes civiles, que la perversité et l'injustice révoltaient à un égal degré, qui n'as jamais refusé l'appui de ta parole à l'inno-cence opprimée, et dont le dévouement a sauvé la patrie ; prodiges de la création, qui marchez à la tête des beaux génies d'Athènes et de Rome, dont vous êtes le drapeau, vos noms restent debout au milieu de toutes les destructions qui ont enseveli tant de puissances vulgaires.

Mais que sert de remonter ainsi les siècles ? con-sultons les temps modernes. Cervantes, en Espagne ; Molière, Descartes, Voltaire, en France ; Newton, en Angleterre ; Dante, Galilée, Michel-Ange, en Italie, ne confirment-ils pas cette vérité que la durée est le privilége du génie. Ton nom, ô Bichat, sera inscrit parmi ces noms illustres. La postérité qui a déjà commencé pour toi, chantera tes louanges et redira tes travaux.

C'est surtout aux ouvrages qui font époque dans l'histoire de l'entendement humain, que s'adresse la critique ; et cette critique est d'autant plus amère que les productions de l'intelligence sont d'un ordre plus élevé. Bichat ne pouvait donc échapper aux traits de l'envie. Le *Traité des membranes*, premier jet d'un beau talent, et base du grand édifice médical que lui seul était en état de construire, devint le texte d'une diatribe virulente, dans laquelle le fiel est versé à pleines mains, et où la mauvaise foi la plus insigne le dispute à la jalousie la plus basse. Chaque ligne y révèle la haine et le dépit. Incapable de colère et d'impatience, d'un esprit trop supérieur pour s'engager dans les détours d'une polémique sans issue, Bichat, de la haute position où son chef-d'œuvre vient de le placer, et pour qui la plainte serait un tort, déplore l'erreur d'un émule, d'un compatriote, dont l'écrit injurieux est resté comme un juste châtiment de son auteur, et public pour réponse, seule digne de lui, les *Recherches sur la vie et la mort.*

Ce nouvel ouvrage fut reçu avec un enthousiasme difficile à peindre. Maîtres et disciples, hommes de théorie et de pratique, amis des sciences et des lettres, tout le monde s'empressa d'applaudir. On ne pouvait comprendre qu'un jeune homme, dont les vingt-huit ans étaient à peine accomplis, fût capable d'un pareil effort, qui promettait à la physiologie un autre Haller. La critique se sentit désarmée ; la plume tomba des mains du mauvais vouloir, et Bichat fut proclamé l'homme de son époque.

Ce jugement sera ratifié par les âges à venir ; j'en ai le garant dans la parole d'une des illustrations, je pourrais dire la dernière, de cette école de Leyde dont l'autorité a été si grande , de Sandifort enfin , qui , dans l'étonnement que lui causa la lecture des *Recherches physiologiques ,* s'écria : Dans six ans , Bichat aura passé Boërhaave.

Je conserverai éternellement le souvenir de cet acte d'éclatante justice contemporaine , dont j'ai été témoin. Puissé-je, en le retraçant, n'avoir pas affaibli l'impression qu'il a laissée.

L'activité de Bichat était prodigieuse ; sa facilité l'était plus encore. Je l'ai vu plusieurs fois refaire à l'imprimerie une feuille illisible pour lui et pour le typographe. Le jour, il se livrait à l'enseignement et aux devoirs de sa place de médecin du grand Hôtel-Dieu de Paris ; la nuit, il composait ses immortels écrits. Jamais il ne copia une seconde fois ce qui devait être livré à la presse le lendemain. Passionné pour la gloire , tout entier à la science dont il devenait le flambeau , dévoré du besoin d'être utile , il avait hâte , en donnant un libre essor à son imagination ardente , et comme si le pressentiment d'une fin prochaine l'eût aiguillonné , de mettre en œuvre les matériaux qu'il avait rassemblés et qui se multipliaient sous sa main.

Un an après la publication du *Traité sur la vie et la mort ,* dont nous avons rapporté quelques particularités , Bichat mit au jour l'*Anatomie générale ,* qu'il termina dans un espace de temps assez court. Chose étrange , les deux derniers volumes furent composés les premiers.

L'*Anatomie générale ,* ouvrage à jamais mémorable, est véritablement le monument élevé par Bichat à la science médicale. Toutes les branches dont cette science se compose, y trouvent d'heureuses applications. La chirurgie y puise une théorie physiologique de ses procédés ; l'anatomie, des idées plus exactes ; la physiologie, des vues plus judicieuses ; la matière médicale, des aperçus plus rationnels sur l'action des médicaments ; la médecine proprement dite, des notions fondamentales sur l'importance de la distinction des tissus affectés dans les maladies. C'est un vaste champ ouvert à l'appréciation de tous les phénomènes physiologiques et pathologiques. On y découvre et le plan de l'anatomie pathologique qu'il a si bien développé dans un cours qui a frayé la route à Dupuytren, à Bayle, à Laennec, à Cruveilher, et celui de la matière médicale dont il avait entrepris la réforme, lorsque l'impitoyable mort vint le saisir. Ce traité gigantesque, désigné pour les grands prix décennaux de l'empire, a été traduit dans toutes les langues de l'Europe. Il est le *vade mecum* obligé, j'oserais dire le bréviaire de tout médecin qui a à cœur une instruction positive. La littérature étrangère n'a rien à nous opposer d'aussi profondément pensé. C'est une physiologie tout entière, dont les *Recherches sur la vie et la mort* sont l'introduction et la fin.

Chaque époque, dans l'histoire des sciences comme dans l'histoire politique, a son caractère, sa physionomie, ses exigences. Aux lois de la physique appartiennent la constance et la fixité. La vie est dans le mouvement. Si Bichat eût vécu il y a un siècle seulement, le feu de son génie se serait éteint dans les abstractions de la philosophie scolastique ; le champ

immense des hypothèses aurait été péniblement par-
couru par lui , et le produit de sa pensée, labeur sans
profit , serait allé vieillir dans une bibliothèque pour
y grossir le fatras des compilations informes , et aug-
menter le nombre des livres inutiles.

« Depuis qu'on s'est avisé, dit Fontenelle , de
« consulter sur les choses naturelles , la nature elle-
« même , plutôt que les anciens, elle se laisse plus
« aisément découvrir ; et , assez souvent, pressée par
« les nouvelles expériences qu'on fait pour la sonder,
« elle accorde la connaissance de quelques-uns de ses
« secrets. »

Ce que l'académicien disait des sciences en général,
ne pourrait-il pas s'appliquer plus particulièrement
à l'art de guérir. Les expériences multipliées des physiologistes de la fin du dernier siècle, les observations
précises des médecins éclairés du commencement de
celui-ci , n'ont-elles pas donné une impulsion nouvelle à la science médicale , en détruisant de vieilles
erreurs , et en nous faisant considérer d'une manière
plus attentive les lois de la nature.

Il y aurait de l'injustice à ne pas reconnaître que
les prédécesseurs immédiats de Bichat ont eu de l'influence sur ses travaux. Lorsqu'il parut sur l'horizon
médical , l'école de médecine de Paris , héritière sans
partage de celle de Montpellier, veuve de ses grandes
célébrités , était dans tout son lustre. Pinel , dont je
ne prononcerai jamais le nom qu'avec respect, tenait
le sceptre de la médecine ; Corvisart étudiait avec
ardeur les désordres organiques; Chaussier, par ses
belles et savantes considérations vitales , dégagées de

toute action physique ou chimique, rétablissait les forces médicatrices, l'*enormon* d'Hippocrate, dans tous leurs droits. Quelles circonstances plus favorables furent jamais offertes au génie !

L'auteur de la Nosographie philosophique, non content de sortir la médecine du chaos où elle était plongée, et de la rappeler à la marche sévère de l'observation, lui fait faire un pas immense par la classification des phlegmasies, qu'il range dans l'ordre des tissus affectés. Encore un faible effort, il cueillait la palme dont il était digne, et la révolution en médecine était complète. Il faut pourtant avouer que si Pinel n'a pas atteint le but, il s'en est bien approché. L'idée de la distinction des tissus lui revient en entier ; c'est une gloire qu'on ne peut lui enlever.

Bichat saisit cette idée féconde, dont celui qu'on peut bien appeler son précurseur n'avait pas senti toutes les conséquences. Il y rallie tous les phénomènes de l'état de santé et de l'état morbide , et forme de tous les actes connus de la vie l'ensemble le plus méthodique. Ses travaux pour établir les caractères distinctifs des tissus par les expériences sur les animaux vivants , les phénomènes pathologiques, la dessication, la macération , les réactifs ; pour démontrer , le scalpel en main , les affections isolées des différents tissus , et leur mode de propagation , sont prodigieux; ils ont altéré sa santé et abrégé ses jours ; dès ce moment, Bichat prouve la nécessité de rapporter , autant qu'il est possible , toutes les maladies à des siéges déterminés , seul moyen d'éviter l'erreur de ceux qui

prennent pour maladies essentielles quelques symp-
tômes incohérents, effet sympathique d'une lésion
locale.

La réforme de Bichat n'a pas porté seulement sur
l'organisation proprement dite ; elle s'est étendue
aussi aux forces qui l'animent. Le principe vital, con-
sidéré abstractivement et comme existant par lui-
même, soit à titre d'*archée*, d'ame, formait la base
de tous les systèmes adoptés. Les lois de la physique,
dont Boërhaave avait tant fait abus, et qui avaient
eu aussi leur autorité dans l'explication des phénomènes physiologiques, étaient relégués dans l'arsenal
des rêveries de toutes les époques ; celles de la chi-
mie appliquée à l'action de la vie, avaient eu aussi
leur temps. Mais Bordeu, homme d'une trempe su-
périeure, que la jalousie n'a pas épargné, et qui,
comme notre illustre compatriote, a été enlevé jeune
encore à la science médicale dont il est une des gloi-
res, venait aussi de démontrer dans son traité du tissu
muqueux, que tous les organes ont leur vie propre.
Ce point de doctrine devient un éclair pour Bichat,
que sa lueur électrise. Il ne voit pas seulement que
chaque organe a une vie particulière, mais que chaque tissu a sa vie propre et ses maladies séparées dans
le même organe. Il admet une force inhérente à la
matière organisée, qui résulte de sa composition
même, et qui doit varier autant que les tissus présentent eux — mêmes de différence. Remontant de
cette idée-mère à l'unité vitale, il en déduit, comme
cause efficiente des phénomènes secondaires, les propriétés de la vie.

Bichat doit beaucoup à Pinel et à Bordeu sur les traces desquels il marcha à pas de géant : mais il est à lui seul ces deux grands médecins philosophes. Les idées fécondes appartiennent en réalité à ceux qui les mettent en œuvre.

Quant à la grande division des fonctions de la vie en deux classes, qu'elle ait été entrevue par Aristote, indiquée par d'autres, enfin développée par Grimaud, toujours est-il que l'honneur de l'avoir établie en termes clairs reste à Bichat. Sans doute l'importance qu'on y attache est moindre à présent ; car les fonctions, tant celles qui nous mettent en rapport avec les objets qui nous entourent que celles qui ne sont qu'une succession d'assimilation et d'excrétion, se lient et s'enchaînent d'une manière intime ; on ne refusera pas à Bichat de reconnaître qu'il ne l'ignorait pas. Mais une distance autrement grande sépare Grimaud et Bichat ; le premier voit quelque chose hors de l'organisme, le second rejette l'entremise d'un principe métaphysique. On reconnaît dans l'un le successeur de Barthez et la théorie spéculative de l'école de Montpellier ; l'autre se montre le digne interprète de Bordeu, de Pinel et des idées positives de celle de Paris.

Je m'aperçois que je sors des limites que je me suis imposées, et que le sentiment m'entraîne au-delà du but. Redevable à Bichat du peu de bien que j'ai pu faire dans l'exercice d'une profession toute de dévouement et de péril, où l'erreur est facile ; nourri des principes de son école, objet de sa sollicitude : pouvais-je, en parlant de lui et sans me dissimuler

qu'il est des tâches auxquelles les forces se refusent,
ne pas me livrer aux doux épanchements de l'ame,
ne pas renouveler la foi que je lui ai jurée. L'époque
de cet homme extraordinaire sera inscrite dans les
fastes de l'art et les progrès de la science , et le souvenir de sa mémoire restera éternellement dans le
cœur de ceux qui connurent et ses vertus et ses bien-
faits.

> Dùm juga montis aper, fluvios dùm piscis amabit ;
> Dùmque thymo pascentur apes, dùm rore cicadæ ;
> Semper honos, nomenque tuum, laudesque manebunt.

La ville de Lons-le-Saunier, peu riche en souvenirs,
aura donc un monument à offrir à l'étranger qui
viendra la visiter. Si cet étranger a le goût des lettres
et l'amour de la science, il déposera une branche de
laurier couronnée d'immortelles au pied du grand
homme ; s'il est privé de l'un et si l'autre ne le touche
pas , ce que je vois sur le chapiteau de cette colonne,
n'est pour lui qu'un morceau de bronze : qu'il se
retire , sa présence blesse le génie.

O Bichat, sois mon ange gardien dans cette maison
de piété, asile de la douleur et aussi ma seconde
famille ; soutiens mon zèle ; aide-moi à continuer de
remplir avec courage un devoir bien saint , puisqu'il
s'agit de soulager une infortune et de secourir les
affligés ; permets-moi de répéter ici la prière que
je récitais, lorsque, confondu dans la foule qui
avait suivi tes restes mortels jusqu'au champ du
repos, je voyais la tombe se fermer pour toujours sur
toi : je demandais avec la ferveur d'un élève pieux,

d'être inspiré de quelques-unes de tes pensées, et qu'un Dieu rémunérateur te soit propice. Ombre vénérée, salut !

J'ai dit.